어린이 에세이 — ⑬
원고지 사용법

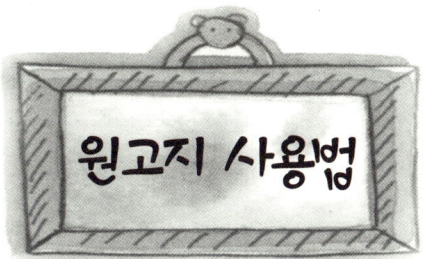

어린이 에세이 교실 지음

자유토론

이 책을 내면서

　어린이들은 참으로 많은 것을 보고 겪으며 자랍니다. 예쁜 꽃, 귀여운 동물, 싱그러운 바람, 맑은 햇살, 그리고 부모님과 가족들의 따뜻한 사랑, 아름다운 이야기…….
　친구들과의 놀이, 장난감, 그림 그리기, 책 읽기, 어린이들에게 필요한 것은 참으로 많습니다.
　그 중에서도 충분한 영양분은 어린이들의 몸을 자라게 해 주고 좋은 글 한 편은 정신을 살찌게 해 줍니다. 거기에 좋은 글을 쓸 수 있는 기회가 보태진다면 더더욱 몸과 마음이 튼튼한 어린이로 자랄 것입니다.

　일기를 쓰면서 하루를 반성하고, 동시와 동화를 쓰면서 많은 상상의 세계를 펼치고, 생활문을 쓰면서 사랑을 배우고, 논설문·설명문·독후감을 쓰면서는 논리적이고 체계적인 사고력을 키우게 됩니다.

　좋은 생각이 담긴 글을 많이 읽고, 좋은 생각을 많이 해 보며, 좋은 생각을 글로 표현해 보는 것, 어린이들에게 그것만큼 소중한 것은 다시 없을 것입니다.

2018년 6월 20일
어린이 에세이 교실

차 례

어린이 에세이 — ⑬

원고지 사용법

1. 원고지에 글을 써야 하는 까닭은 무엇일까요? • 9
   원고지의 종류 / 원고지의 자세한 이름 /
   원고지 쓸 때의 기본 조건

    2. 원고지의 표지는 어떻게 꾸며야 할까요? • 19

3. 원고지의 첫머리는 어떻게 쓰나요? • 23
   글의 종류 / 제목과 부제 / 소속과 이름

        4. 본문은 어떻게 쓸까요? • 33

5. 문장 부호는 어떻게 써야 할까요? • 71

      6. 글 다듬기는 어떻게 할까요? • 121

1 원고지에 글을 써야 하는 까닭은 무엇일까요?

　우리는 오래 전부터 원고지에 글을 써 왔습니다. 요즈음은 컴퓨터가 많이 보급되어 원고지 사용이 많이 줄어든 것은 사실입니다. 그래서,
　"원고지에 쓸 필요가 뭐 있어요?"
라고 묻는 어린이도 있을 것입니다. 그러나 그것은 틀린 생각입니다. 어른이 된 후에도 글을 써야 하는 일이 많기 때문에 원고지는 사라지지 않을 것입니다.

🌱 시작은 어떻게 해야 하나?

🌱 이야기가 바뀌고 새로운 단락은 어떻게 써야 하나?

🌱 대화체는 어떻게 써야 하나?

그런 식으로 글을 쓸 때 맞닥뜨리는 여러 문제들은 원고지를 제대로 쓸 줄 알아야 해결될 수 있기 때문입니다.

그러므로 어린이 여러분이 아무리 컴퓨터 세대라고 하더라도 원고 쓰는 기본은 정확히 알고 있어야 하겠습니다.

1. 원고지의 종류

전쟁에 나가려면 무기가 있어야 하고, 무기를 이용하려면 무기에 대해 잘 알고 있어야 합니다. 글을 쓸 때도 마찬가지입니다. 원고지에 글을 쓰기 위해서는 원고지에 대하여 잘 알고 있어야 하겠죠. 또한 원고지를 편하게 대하기 위해서는 항상 원고지를 곁에 두고 글을 써 보면서 친구처럼 친해져야 할 것입니다.

우선 원고지의 종류에 대해 알아보도록 해요.

원고지는 크게 일반 용지와 특수 용지가 있습니다.

우선 일반 용지는 흔히 사용하는 200자 원고지를 말합니다.

더러 사용자의 주문에 따라 400, 600, 1000자의 원고지가 있기도 하지만 원고지의 가장자리에 20×10이라고 표시되어 있는 200자 원고지가 어린이 여러분이 가장 많이 사용하는 원고지입니다.

특수 용지는 신문, 잡지, 사전 등 특수한 목적을 위해 만들어진 원고지입니다. 책 한 쪽이 원고지 한 장 분량이 되는 용지가 많습니다.

특수 용지에는 이런 것들이 있습니다.
- 100자(10×10, 20×5)
- 150자(15×10)
- 300자(15×20)
- 750자(25×30)
- 1000자(20×50, 25×40)

2. 원고지의 자세한 이름

원고지의 각 부분에 대해 자세한 이름을 알아 두면 글을 쓸 때와 읽을 때 매우 편리합니다.

원고지의 자세한 이름은 다음과 같습니다.

(1) 칸

(2) 행(줄): 20칸이 있는 한 줄.

(3) 행간: 행과 행 사이의 여백으로서, 글을 다듬고 고치거나 밑줄·강조점 등을 찍는 곳.

(4) 퇴고란: 글을 다듬고 고칠 때 이용하는 사방난 외의 여백 및 행간.

(5) 각주부: 본문 중 어떤 부분의 뜻을 보충하거나 풀이하기 위해 내용을 덧붙이는 난.

(6) 번호란: 일련 번호를 적어 전체 분량을 나타냄.

(7) 칸 수 표시란: 가로 20칸, 세로 10행의 200자 원고지 등을 표시

실제로 다음 원고지를 보면서 위의 명칭을 확인해 보세요.

원고지 세부 명칭

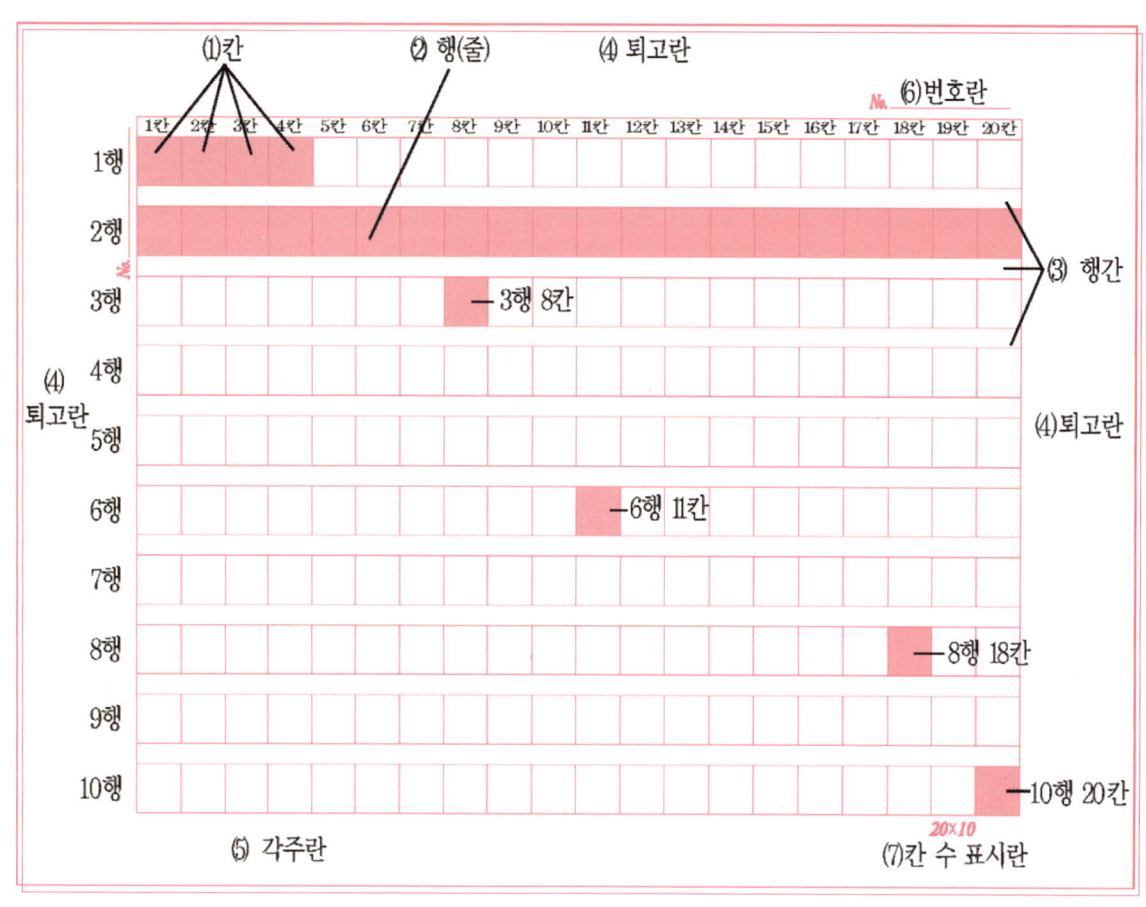

3. 원고지 쓸 때의 기본 조건

원고지를 사용하려면 우선 맞춤법과 띄어 쓰기를 잘 알아야 하며, 문장 부호 역시 정확하게 써야 합니다.

글에서 중요한 것은 내용이지만 맞춤법, 띄어 쓰기, 문장 부호가 엉망일 때는 글의 뜻을 정확하게 전달할 수가 없습니다.

맞춤법, 띄어 쓰기, 문장 부호가 정확한 원고라면 읽는 사람에게 좋은 인상을 남길 뿐만 아니라 전달하려 하는 글 뜻을 정확하게 전할 수 있는 장점이 있습니다.

글씨 또한 예의 바르게 써야 합니다.

글씨는 그 사람의 인격, 얼굴이라는 말이 있습니다. 함부로 쓴 글씨를 보면, '인격이 나쁜 친구구나.' 라고 생각할 수 있고 반대로 정성 들여 쓴 글을 보면, '아주 예쁘게 생긴 어린이겠군.' 하고 생각할 수 있는 것입니다. 어린이 여러분도 친구가 보여 준 원고를 볼 때 글씨가 예쁘고 원고 쓰기에 충실한 글이면 굉장히 기분이 좋을 것입니다. 그리고 "나도 이렇게 예쁘게 써야지." 하고 생각할 것입니다.

원고지에 글을 쓴다는 것은 나 아닌 남에게 보여 주려는

목적이 많습니다. 그렇다면 상대방에게 최대한의 예의를 갖추는 것이 바람직하겠죠. 마치 친구들을 만나면 "안녕!" 하며 반갑게 인사하고, 이웃 어른이나 친척을 만나면 예의 바르게 "안녕하세요!"라고 인사하는 것처럼 말입니다.

또한 처음에는 글씨를 정성 들여 잘 썼다가 끝으로 갈수록 엉망이 되어서도 안 됩니다. 처음부터 끝까지 똑같이 정성이 들어가야 합니다.

글은 입으로 하는 말보다 훨씬 정확하게 '나'를 나타내는 것이기 때문이지요.

이렇듯 원고지에 글을 쓸 때는 상대방에게 최대한의 예의를 보인다는 자세를 갖춰야 하겠죠. 이러한 버릇은 어린 시절부터 다져 나가야 합니다. 그렇게 습관을 들인다면 먼 훗날 어른이 되어서도 글 쓰는 것만은 절대 다른 사람에게 뒤지지 않을 것입니다.

평상시에는 말솜씨도 좋고 표현력도 뛰어나는데, 원고지에 글을 써야 되는 상황이 되면 머릿속이 하얗게 지워진다는 친구들이 많습니다.

"아무것도 생각이 안 나요."

"그냥 말로 하라고 하면 자신있는데 원고지에 쓰라고 하

면 자신이 없어져요."

"일기 노트에 글쓸 때는 안 막히는데 백일장을 나가거나 숙제 때문에 원고지 앞에 앉으면 한 글자도 써지질 않아요."

그렇게 하소연하는 친구들이 많을 것입니다. 그것은 참으로 곤란한 일이지요. 어려서의 습관이 평생을 가는데, 어른이 되어서도 자기 마음속을 제대로 표현 못하는 사람이 된다면 어떻게 될까요.

그 문제점을 해결할 방법은 아주 간단합니다.

자주 원고지를 써 보는 것입니다. 그렇게 되면 처음에는 겁이 났다가도 차츰 나아지게 됩니다.

"글이 되는지 어쩌는지 그건 모르겠는데 아무튼 원고지 쓸 때 겁내지 않아서 좋아요."

"원고지에 글을 쓴 뒤부터는 글쓰기에 자신이 붙었어요."

원고지와 친구처럼 지낸 친구들은 머지않아 그런 말을 하게 됩니다. 그것은 마치 처음 만난 친구가 서먹서먹했는데 자주 만나다 보니 둘도 없는 친구가 된 것과 같은 이치입니다.

어린이 여러분이 글을 잘 쓰기 위한 준비 과정으로 가장

먼저 해야 될 일은 원고지와 친해지는 것입니다. 그렇게 된다면 절반 정도는 글쓰기 실력이 늘어난 셈이 됩니다.

2 원고지의 표지는 어떻게 꾸며야 할까요?

　표지는 여러 장으로 쓴 원고를 한 묶음으로 묶어 그 앞에 제목, 이름 등을 기록하는 부분입니다.

　보통 어린이들은 본문 첫 장을 표지로 사용하는 편이지요. 그러나 자신이 만든 작품을 정성스럽게 포장하는 것도 좋은 일입니다. 그러면 훨씬 정성이 돋보여, 보는 사람의 기분을 좋게 합니다.

　하지만 표지에 쓸데없는 말을 써서는 안 됩니다.

　'부탁드립니다', '자신있게 썼습니다' 하는 식으로 불필요한 글을 써 놓는다면 오히려 글의 격을 떨어뜨리는 결과를 낳게 됩니다.

　예문을 한 번 살펴보세요.

학교에 낼 원고

```
제10회 교내 글짓기 대회
글의 종별 : 생 활 문



                      ┌────┬──────────┐
                      │제목│아 버 지   │
                      └────┴──────────┘



                                          제 3 학년  5반
                                          이름 : 박 혜 수
```

　학교에 낼 원고지 표지에는 학교 명을 쓰지 않고 학년, 반, 이름만을 적습니다. 윗부분 왼쪽에 대회명과 글의 종류를, 가운데 부분에 제목을 넣습니다. 아랫부분 오른쪽에는 학년, 반, 이름을 넣어 전체적인 모양을 갖춰 줍니다.

학교 밖으로 보내는 원고

```
○○○주최 전국 독서 감상문 쓰기 대회
읽은 책 :           지은이 :
출판사 :           (출판년도)

            ┌──────┬──────────┐
            │ 제목 │          │
            └──────┴──────────┘

                    ○○ 초등 학교 제 ○ 학년 ○반
                    이  름 : ○ ○ ○
                    지도 선생님 : ○ ○ ○
```

 학교에 낼 원고와 다른 것은 학교 명을 쓴다는 것입니다. 제목을 가운데에 넣어 전체적으로 안정된 느낌이 들도록 해 줍니다.

3 원고지의 첫머리는 어떻게 쓰나요?

　원고지의 첫머리에는 글의 종류, 제목과 부제, 소속과 이름 등을 쓰는 부분인데 첫 장의 처음 5~6행 정도에 나누어 씁니다.

1. 글의 종류

　우선 원고지 1행의 2칸부터 글의 종류를 씁니다.

🍒 동시일 경우 — 〈동시〉

🍒 동화일 경우 — 〈동화〉

🍒 생활문일 경우 — 〈생활문〉

이런 식으로 말입니다.

간혹 글의 종류를 무관심하게 비워 두는 경우가 많습니다. 그것은 읽는 사람에 대해 전혀 배려하지 않은 것입니다. 글의 종류를 표시하지 않는다면 그 글을 읽는 사람은 이게 무슨 글일까, 생각해야 됩니다.

첫머리에 종류를 친절하게 적어 두면 읽을 때 아주 쉽게 구분할 수 있으므로 편리합니다.

〈예문 1〉

꼭 첫 칸을 비워 둬야 하는 것은 아니지만, 두번째 칸에서 괄호 표시를 하고 글의 종류를 써 줍니다.

또는,

〈예문 2〉

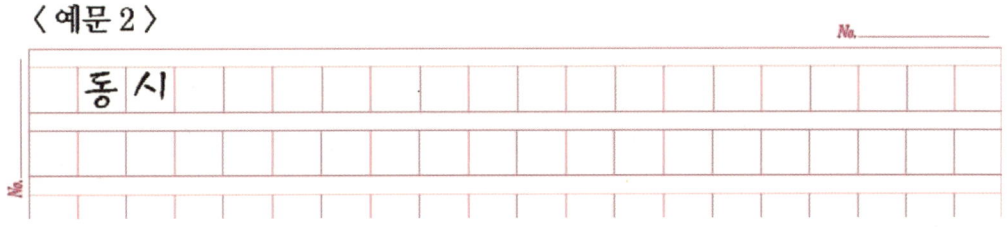

꼭 괄호 표시를 하지 않아도 됩니다. 깨끗하게 그냥 글의 종류만 써 주는 경우도 있습니다.

2. 제목과 부제

글의 종류를 적었으면 이제 글의 제목과 부제 및 소속과 이름을 써야 합니다.

제목은 2행 중심 부분에 놓이게 합니다.

〈예문 1〉

```
〈동화〉
         행복한  멍멍이
```

첫줄에 글의 종류를 적고, 두번째 줄에 제목을 적습니다. 어린이 여러분은 줄 가운데에 제목을 써 넣기가 어렵다고 생각할 수도 있는데, 아주 쉬운 방법이 있습니다.

{20-(제목의 글자 수)}÷2=띄어 쓸 칸이 됩니다. 이 때 제목의 글자 수는 띄어 쓰는 칸까지 포함해야 됩니다.

'행복한 멍멍이'는 7자이므로 (20-7)÷2=6.5가 됩니다. 따라서 여기에서는 6칸이나 7칸을 띄고 제목을 쓰기 시작하면 됩니다. 일부러 손가락으로 세어 가며 양쪽 칸을 띄어 쓰려 애쓰지 말고 위의 공식을 외웠다가 사용해 보세요.

  단, 제목이 두 글자일 때에는 두어 칸 벌려서 써도 됩니다.

  그렇게 하면 답답하지 않아서 좋겠죠?

〈예문 2〉

		〈	동	화	〉								
						아		기					

  첫줄에 글의 종류를 적고, 두번째 줄에 제목을 적는 것은 같지만 제목 글자 수가 적을 경우에는 위의 예문처럼 한 칸 정도 비워 놓고 쓰기도 합니다.

  또한 제목을 쓸 때는 문장 부호 사용에 주의를 해야 합니다. 그 주의할 사항은 다음과 같습니다.

  🌸 마침표를 찍지 않습니다.

🌸 물음표나 느낌표는 될 수 있으면 넣지 않습니다.

🌸 같은 계열의 낱말이 계속될 때는 쉼표 대신에 가운뎃점을 찍습니다.

🌸 말줄임표(……)는 사용하지 않습니다.

🌸 제목이 길 때에는 두 행을 잡아서 씁니다. 두 행 중 첫 행은 왼쪽으로, 두 번째 행은 오른쪽으로 치우치게 씁니다.

〈예문 3〉

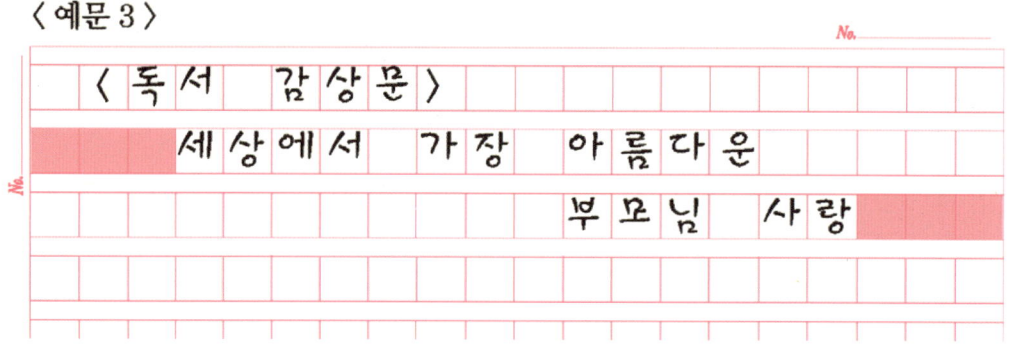

위의 예문은 제목이 길어서 두 줄로 나누어 적은 것입니다. 그럴 경우 윗줄은 약간 왼쪽으로, 아랫줄은 약간 오른쪽으로 치우치게 하면 보기에 편할 것입니다. 될 수 있으면 윗

줄 왼쪽 빈칸과 아랫줄 오른쪽 빈칸의 숫자가 같도록 하는 것이 좋습니다.

　제목을 뒷받침해 주는 부제가 있을 경우에는 본 제목 아랫줄에 쓰도록 하며 양끝에 줄표(―)를 해둡니다.

〈예문 4〉

```
〈독서 감상문〉
　　우리 나라가 겪은 비극은
　　21세기에는 큰 힘으로 탄생
　　―《우리의 통일은》을 읽고―
```

　셋쨋줄에 줄표(―)를 하고 괄호 안에 책 제목을 넣은 뒤에 다시 줄표(―)를 했습니다. 그렇게 해 줌으로써 무엇을 읽고 독서 감상문을 썼는지 쉽게 알 수 있습니다.

3. 소속과 이름

　글쓴이의 소속과 이름을 쓸 때는 원칙적으로는 제목 아래 1행을 비우고 두 행을 잡아서 쓰게 되어 있지만, 보통은 제목 바로 다음 행 오른쪽으로 전체 균형을 잡아서 씁니다.
　소속의 끝 자와 바로 밑에 성명의 끝 자가 오게 하여 위와 아래를 가능하면 맞추고, 끝 글자 뒤에는 세 칸 정도 비워 둡니다.

〈예문 1〉

〈생활문〉									
				제가	누구냐면요				
					한국	초등	학교		
						3학년	3반		
							남한국		

　이름을 조금 부각시키기 위해 끝 글자 뒤에 두 칸을 비워 두기도 합니다.

보통 성과 이름은 붙여 쓰지만, 분명히 구분해서 써야 할 경우에는 띄어 씁니다.

예를 들어 '제갈 공명'이나 '황보 영' 같은 경우, 붙여 쓰게 되면 성과 이름의 구분이 모호하므로 띄어 씁니다.

또한 성명의 각 글자 사이는 시각적인 효과를 위해 널찍하게 한두 칸 정도씩 비워 두어도 좋습니다.

〈예문 2〉

〈	동	시	〉									
					우	리		집 의		귀	염 둥	이
									김		한	라

소속을 밝힐 필요가 없을 때가 있지요. 이럴 경우에는 위의 예문처럼 이름을 한 자씩 띄워 쓰기도 합니다. 또는 성과 이름 사이만 한 자 띄우기도 합니다.

학교에 낼 원고는 소속을 OO학교라고 표시할 필요 없이 학년, 반, 번호만 적거나 아니면 간단하게 학년과 반만 적습니다.

〈예문 3〉

〈동화〉

오줌싸개

2학년 2반

20번 김하늘

학교명을 적을 필요가 없기 때문에 학년 반을 제목 밑에 쓰고, 그 밑으로 번호와 이름을 적습니다. 이럴 경우 윗줄, 아랫줄의 빈칸이 같도록 하는 것이 좋습니다.

4 본문은 어떻게 쓸까요?

글의 종류, 제목, 소속, 이름 등을 쓰고 나서 이제 본격적으로 내용을 써야 할 차례입니다. 이 부분을 본문이라고 부르죠. 본문에서는 원고지를 어떻게 사용해야 할까요?

본문 쓰기에 앞서 항상 유념해야 될 일은 글씨를 반듯반듯하게 잘 쓰겠다는 스스로의 약속입니다. 원고지 칸이 확실하게 나누어져 있기 때문에 흘려 쓰거나 자기 자신만 읽을 수 있는 글씨는 절대 안 됩니다.

1. 원고지 한 칸에는 한 자씩

원고지 칸을 무시하고 두 칸에 한 자씩 쓴다거나, 한 칸에 두세 자씩 쓴다면 원고지 사용에 전혀 도움이 되지 않을 뿐더러 굳이 원고지에 글을 쓸 필요도 없습니다.

원고지에 글을 쓸 때는 한 칸에 한 자씩 쓰도록 해야 합니다.

의자에 앉을 때 한 개의 의자에 한 사람이 앉아야 편하듯이 원고지 한 칸에 한 자씩을 써야 읽기 편합니다.

〈예문 1〉

	나	는		형	하	고		같	이		영	어		학	원	에		다	닌
다	.		우	리	는		학	원	에		가	기		전	에		예	습	을
하	기	로		하	였	다	.		나	는		A	에	서		Z	까	지	순
서	대	로		외	우	고	,		형	은		Z	에	서		A	까	지	거
꾸	로		외	우	는		것	이	다	.									

시작 첫 칸을 비우고, 순서대로 한 칸에 한 글자씩 썼습니다.

2. 본문이 처음 시작될 때와 문단이 바뀔 때

　이 때는 무조건 첫 칸을 비워 두고 그 다음 칸부터 쓰기 시작합니다.

　처음 선생님을 만나면 "안녕하세요?"라고 인사합니다. 하지만 한 번 인사를 했다고 해서 다시는 인사할 필요가 없는 것은 아니죠.

　어제 만났지만 오늘 또 만나면 "안녕하세요?"라고 똑같은 인사를 해야 합니다.

　그런 것처럼 본문이 처음 시작될 때뿐 아니라 새로운 이야기로 문단이 바뀔 때에도 반드시 인사하듯 칸을 비워 둬야 합니다.

　이렇게 칸을 비우며 글을 시작하는 것을 '들여 쓰기'라고 합니다.

　본문이 처음 시작할 때와 문단이 바뀔 때의 들여 쓰기를 예문을 통해 확실히 익혀 보세요.

〈예문 1〉

```
          〈생활문〉
                     다람쥐
                 송죽 초등 학교
                     3학년 5반
                          김재철

 친구 현우, 그리고 그   애 아저씨, 나,
이렇게 세  명이 다람쥐 집을 다시 보
기 위해 집을 나섰다. 지난 주에 산에
갔다가 우연히 발견한 다람쥐 집이었다.
```

이처럼 본문이 시작될 때는 첫 칸을 무조건 비우고 둘째 칸부터 쓰기 시작합니다.

〈예문 2〉

```
〈생활문〉
          내 친구 재욱이
             한국 초등학교
                3학년 5반
                    오현식

 학교에서 재욱이랑 약속을 하였다. 학
교 수업이 끝나면 만나서 놀자고 말이
다.
 학교 수업이 끝나자 우리는 손을 잡
```

　첫 문장이 시작될 때 첫 칸을 비우는 것처럼, 새로운 문단이 시작될 때도 첫 칸을 비워 둡니다.

　어린이 여러분은 어느 부분에서 문단을 바꿔야 할지 판단하기가 어렵다고 말하곤 하죠. 그러나 그럴 필요가 없습니다. 시간, 장소, 이야기 등이 바뀌면 행을 바꿔 주면 됩니다. 그 외에도 인용문을 넣을 때나 대화를 넣을 때에도 행을 바꿔 줄 수 있습니다. 좀더 알아보겠습니다.

3. 대화체를 쓸 때

이 때도 한 칸 들여 씁니다.

어린이 여러분은 이 부분에서 많이 실수를 합니다. 대화체가 시작될 때는 무조건 한 칸씩 비워 둔다고 마음속으로 약속을 하세요. 그러면 대화체를 쓸 때 실수는 하지 않을 것입니다.

대화체가 한 줄로 끝나지 않고 두세 줄까지 이어져도 앞 칸은 비워 두는 것이 원칙입니다.

〈예문 1〉

```
  (일기문)
         뜨개질
       한국 초등 학교
          4학년 1반
             유빛나

 학교에서 신기한 일이 있었다.
 "빛나야, 이 목도리 어때? 내가 직
 접 짠 거야."
 은미가 다가와 목도리를 자랑하였다.
```

위의 예문과 같이 첫 문장이 시작될 때 첫 칸을 비우는 것처럼 대화체가 시작되기 전에도 처음 한 칸을 비웁니다. 대화가 끝나지 않았는데 줄이 바뀔 경우에도 앞 칸은 비워 둡니다. 그리고 대화체가 끝나고 다시 본문이 시작될 때에도 한 칸을 비워 둡니다.

4. 본문에서의 인용 부분

여기에서는 인용 부분 전체를 한 칸씩 들여 씁니다.

인용 부분은 인용 부호가 들어가는 경우와 들어가지 않는 경우로 나누어집니다.

각각의 예문을 보고 익혀 보세요.

문장에 인용 부호가 들어가는 경우

〈예문 1〉

	띠리	선수인	박연은	소리를	가려	들
는	솜씨가	뛰어나서	어떤	소리라도	그	
특징을	지적할	정도였습니다.	사람들은			
	"박연의	귀는	신선의	귀다!"		
	"박연의	귀는	귀신의	귀다!	어떤	
	소리라도	박연의	귀를	띠할	수가	없
다."						
고	하였습니다.					

어린이 여러분이 원고지 쓰기에서 어렵다고 생각하는 부분이 있습니다. 위의 예문처럼 문장 뒤에 대화체가 들어갈 경우입니다. 그럴 때는 줄을 바꿔 첫 칸을 띄운 뒤에 큰 따옴표를 하면 좋습니다. 그리고 아직 문장이 끝나지 않은 상태이니까 대화체가 끝난 뒤 다음 줄 맨 앞 칸에 마무리 글을 넣습니다. 그러니까 대화나 인용문 다음에 연결되는 ―하고, ―라고, ―하면서, ―한다 등 연결문은 다음 첫 줄 첫 칸부터 쓴다고 생각하면 됩니다.

인용문에 인용 부호가 들어가지 않는 경우

위 아래로 한 줄씩 비워 줍니다.

〈예문 2〉

|동|시|를| |쓸| |때| |여|러| |가|지| |방|법|이| |있|
|다|.| |그| |중|에|서|도| |바|위|,| |달|,| |해|,| |동|물| |등|
|이| |사|람|처|럼| |말|을| |하|고| |움|직|이|는| |것|처|
|럼| |쓰|는| |경|우|가| |많|다|.| |이|와| |같|은| |방|법|
|을| |의|인|법|이|라|고| |한|다|.|

|자|명|종| |시|계|는| |
|귀|신|이|에|요|.|

|이|런| |식|으|로| |사|람| |아|닌| |어|떤| |물|체|를|

이처럼 인용 부호를 사용하지 않을 때에는 위 아래를 한 줄씩 비워 둡니다. 바꿔 말하면, 위와 아래를 한 줄씩 비워 주고 인용하면 인용문에 인용 부호를 사용하지 않아도 됩니다.

5. 항목별로 나열할 때

이 때는 한 칸씩 들여 씁니다.

〈예문1〉

```
1. 회의를  통해  우리가  생각할  점이
   무엇인가를  알아보자.
  가. 질서를  잘  지키려면
  나. 예의바른  어린이가  되려면
  다. 건강한  몸을  가꾸려면
```

원고지나 노트에 여러 항목을 적어야 할 때 어떻게 할까, 생각하게 됩니다. 그럴 경우 주제를 쓸 때는 첫 칸부터 쓰지만, 나눠지는 부제를 쓸 경우에는 첫 칸을 비워 두고 항목을 적습니다.

〈예문 2〉

```
　예의바른　어린이가　되기　위해서　우리
가　지켜야　할　일은,
　가.　항상　웃는　얼굴로　인사한다.
　나.　먼저　인사를　한다.
　다.　잘못한　점은　먼저　사과를　한다.
등이다.
```

주제가 한 가지일 경우에는 첫 줄 첫 칸을 비워 두고, 나뉘지는 부제 또한 한 칸씩 비워 둡니다.

6. 작은 제목이나 단락 제목

본문 중에서의 소항목 표제 또는 단락 표제를 표시할 경우에는 제목은 한 칸 또는 두 칸씩 들여 씁니다.

〈예문 1〉

	(1)		나	만		아	는		이	야	기	를		씁	니	다	.
	어	린	이	가		선	택	하	는		동	시	의		글	감	은	거
의		일	상	적	인		것	들	입	니	다	.

위의 예문처럼 첫 칸을 비워 두고 쓰면 됩니다. 그리고 줄을 바꾸어 다시 한 칸을 띄우고 씁니다.

여러 개의 소항목이 있는데 그것은 모두 잇대어서 쓰게 되면 뜻 구분이 어려워집니다.

7. 인용문 안에서 문단이 바뀔 때, 시·시조·노랫말 등을 인용할 때

이 때는 모두 두 칸 들여 씁니다.
각각의 예문을 제시해 보겠습니다.

첫째, 인용문 안에서 문단이 바뀌는 경우

〈예문 1〉

```
  당시 그는 바로 밑의 인행을 비롯하
여 동생 셋을 데리고 있었다. 인철의
넷째 동생 인규는 그 때 일을 이렇게
전한다.

    고3 때 형님은 판사로 보따리를
  들고 좌석 버스를 타고 다니시는 그
  박봉 속에서 우리들 학비를 거의 전
  담하시면서도 알뜰살뜰 돈을 모아 미
  아리에 조그만 주택을 마련하셨다.
```

인용문 내에서 다른 인용문을 바꿔 할 경우에는 시작되는 첫 줄의 두 칸을 비워 둡니다. 또한 인용문이 계속되는데 문단이 바뀌어야 할 경우에도 두 칸을 비워 둡니다.

〈예문 2〉

		그	해	늦가을	형님은	예쁜	색시를
얻어	결혼을	하셨다.	늦은	결혼이었지
만	많은	사람들이	오셔서	축복해	주
었고	우리집은	아연	활기를	띠었다.
왜냐하면	남자들이	득실득실대던	우리
집에	여자!	그것도	예쁜	여자를	들
여	왔으니	말이다.

| 인철은 | 동생들을 | 부양하고 | 있는 | 탓에 |
| 최영희에게 | 아내로서의 | 역할 | 외에 | 동생 |

인용문이 끝나고 다시 처음 인용문으로 되돌아야 할 경우 한 줄을 비우고, 다음줄 첫 칸을 띄우고 쓰기 시작합니다.

둘째, 시·시조·노랫말을 인용하는 경우

〈예문 3〉

　　동시를 지으라면, 처음에는 누구나 산문처럼 쓰게 됩니다. 길게 써 놓고 동시라고 우기기도 합니다. 동시가 무엇인지 살펴보기로 합시다.

　　침대에 누워
　　가만히 귀를 묻으면
　　무슨 소리가 들려오지요.

　　선물 한아름 안고 살금살금
　　굴뚝으로 내려오시는
　　산타 할아버지의 발짝 소리가 들리지요.

　　침대에 누워
　　가만히 귀를 묻으면

앞의 예문처럼 인용문 안에서 시·시조·노랫말을 인용하게 되면 새로운 인용문의 앞과 뒤를 한 줄씩 비워 둡니다. 그리고 새로운 인용문에서 행을 바꾸지 않고 계속 쓸 경우 첫칸만 비워 둡니다. 그것은 앞 시행에 계속 이어지고 있다는 표시입니다.

8. 첫 칸을 비우는 경우

문단을 처음 시작할 때 외에는 절대 첫 칸을 비우지 않습니다.

줄의 끝에서 비울 칸이 없을 때에는 글자 옆에 띄우는 표시(∨)를 해 놓으면 됩니다. 그 다음 줄은 첫 칸부터 쓰기 시작합니다.

〈예문 1〉

	지	난		여	름		생	각	이		났	다	.	굉	장	히		더	운
여	름	이	었	다	.		우	리	들	은		냇	가	에		나	가		종	일
물	놀	이	를		하	며		더	위	를		식	혔	다	.		'	후	아	후
아	'		하	는		소	리	를		토	해		내	면		더	운		기
운	이		몸		밖	으	로		조	금	씩		빠	져	나	가	는		것
만		같	았	다	.														
	간	혹		고	추	잠	자	리	가		머	리		위	에	서		뱅	뱅
돌	아	다	니	는		모	습	도		볼		수		있	었	다	.		우	리
는		후	다	닥		잠	자	리	채	를		들	고	서		뛰	어	다	녔
지	만		잡	기	는		정	말		힘	들	었	다	.					

앞의 예문처럼 첫 칸을 비우는 것은 새로운 문단이 시작되었음을 알리는 것입니다. 만일 문장이 안 끝났는데 띄어쓰기에 충실하느라 첫 칸을 비우면 원고 쓰는 격식에 어긋납니다.

9. 원고지의 한 칸은 활자 한 개의 간격

원고지의 한 칸에 글자 한 개 쓰기는 원칙입니다. 그렇기 때문에 띄어 쓸 경우에 띄어 쓰지 않거나, 띄어 쓰지 않아도 되는 단어를 띄어 놓으면 의미를 이해하기가 힘들어집니다.

띄울 칸이 왼편의 첫 칸에 해당될 때는 비우지 말고 바로 윗줄의 글자 오른쪽 끝 여백에 띄움표(∨)를 해 둡니다.

〈예문 1〉

	시	계	가		일	어	나	라	고		야	단	입	니	다	.	내		방
시	계	는		잠	도		안		자	고		앉	아		있	나		봐	요	.
아	침		일	곱		시	만		되	면		어	김	없	이		일	어	나
'	따	르	릉	따	르	릉	'		하	며		소	란	을		피	웁	니	다	.

위의 예문처럼 띄어쓰기를 해야 하는데 빈 칸이 없을 때는 원고지 오른쪽 끝 부분에 띄움표(∨)를 해 주고, 다음 줄 첫 칸부터 글을 써 갑니다.

만약 붙여 쓰기를 표시해야 될 경우에는 반대로 글자 오른쪽 여백에 이음표(⌒)를 해둡니다.

〈예문 2〉

이	번		겨	울		방	학		선	물	로	는		무	엇	을		갖
다		줄	까	?		지	금		생	각	엔		눈	사	람	이	나		얼
음	을		갖	다		주	고		싶	은	데		가	다	가		다		녹
아		버	리	겠	지	?

이미 전달에 아주 지장이 없을 경우에는 부득이 (∨), (⌒) 표시를 할 필요는 없습니다. 특별히 주의를 환기시켜야 할 경우에만 신경써서 부호를 붙이면 됩니다.

4. 본문은 어떻게 쓸까요?

10. 글의 문단이 완전히 끝났을 때

이 때는 마침표를 찍고 줄바꾸기를 합니다.

　새로운 문단이 시작되었는데 줄바꾸기를 하지 않았거나 새로운 문단이 아닌데 줄바꾸기를 했다면 의미 전달이 약해집니다.

〈예문 1〉

　어른들의 생각을 이해할 수가 없다. 공부만 잘 하면 뭐든지 모범생인 줄 안다. 공부 못하는 애가 사고를 치면 문제아가 되지만 공부 잘 하는 애가 사고를 치면 실수였다고 생각한다.
　공부가 인생의 전부는 아니다. 공부를 못했어도 인류와 나라를 위해 좋은 일을 한 위인은 얼마든지 있다.

　위의 예문처럼 글의 문단이 끝났으면 마침표를 찍은 뒤에 다음줄 한 칸을 비워 두면 됩니다.

11. 그 외의 여러 경우

다음과 같은 경우에는 모두 한 줄을 비워 줍니다.

첫째, 문맥상 크게 단락을 지어야 할 때 비웁니다.

〈예문 1〉

```
콩쥐는  어려서부터  불행했습니다. 어머
니께서  일찍  돌아가셨기  때문입니다. 그
것만이  아니었습니다.

어느  봄날, 콩쥐는  새어머니를  맞이하
였습니다. 새어머니는  팥쥐라는  딸을  데
리고  왔습니다. 계모와  팥쥐는  콩쥐를
괴롭히기  위해  태어난  사람  같았습니다.

그렇게  콩쥐의  불행은  시작되었습니다.
```

위의 예문처럼 이야기 속에 배경이 바뀌어야 할 경우에는 문맥의 단락을 나눠 주기 위해 한 줄씩을 비워 둡니다.

둘째, 인용 부호 없이 인용할 때는 위 아래로 한 줄씩 비웁니다.

〈예문 2〉

```
유치환의 경우, 그 바람이 흔드는 것
은 거의 언제나 시인의 마음이다.

　　바람아 바람아
　　등도 없고 잠도 안 오는 밤에 드
는

그 바람이 시인의 마음을 흔들어 일
깨우는 것은 그리움이기도 하고 절망의
```

위의 예문처럼 인용 부호 없이 인용이 들어갈 때도 위 아래를 한 줄씩 비워서 새로운 인용문임을 밝힙니다.

셋째, 작은 항목의 제목과 단락을 구분지을 때도 한 줄씩 비웁니다.

〈예문 3〉

다) 수남이와 수동이
김춘수는 60년대 후반에 접어들면서 그의 유년 시절에 대해 집요한 탐색을 한다. 그의 유년 시절에 대한 탐색은 자기 됨됨이의 근거를 밝히고, 그 근거를 이루는 욕망의 부정적 성격을 지우

위의 예문처럼 작은 항목의 제목을 쓴 뒤 단락을 구분시켜야 할 경우에는 한 줄씩 비워 둡니다.

넷째, 큰 단락을 나타내는 번호를 넣을 때, 번호의 앞과 뒤의 한 줄도 비워 둡니다.

〈예문 4〉

그		천재	의식이		자기애라는		내면의		불
과		결합된		것이		김춘수의		시, 불사의	
상태가			아닐까?						
	2)먼		추억으로		오는		축제		
		다시		되풀이하지만		시인의		풀령주의는	
왜		슬픈		풀령주의일까?			왜		시인은

위의 예문처럼 한 개의 단락이 전부 끝나고, 새로운 단락이 새로이 시작될 때도 앞과 뒤의 한 줄씩 비워 둡니다.

다섯째, 시간이나 공간적 변화가 클 때 한 줄을 비워 둡니다.

〈예문 5〉

```
 철 이 의   고 집 은   정 말   대 단 했 다 .  친 구 들
이   달 려 들 어   말 렸 지 만   소 용 이   없 었 다 .
마 치   그   목 표 를   달 성 하 지   않 으 면   죽 기
라 도   할   것   같 았 다 .

 이 튿 날 ,  아 이 들 은   아 침 밥 도   먹 지   않
고   공 원 으 로   몰 려 들 었 다 .  모 두 들   바 짝
긴 장 한   표 정 들 이 었 다 .

 다 리 가   불 편 한   철 이 가   천   미 터   달 리
```

위의 예문처럼 한 문장에 많은 시간, 공간적 차이를 무시하고 다 넣으면 좋은 글이 될 수 없습니다. 그러니까 시간이나 공간적 변화가 클 경우에도 한 줄씩 앞 뒤로 비워 둡니다.

여섯째, 이야기 속에 다른 이야기가 들어갈 때도 한 줄을 비웁니다.

〈예문 6〉

```
밤이 깊어가고 있습니다. 멀리서 여우
울음 소리가 들려오는 듯만 싶습니다.
할머니의 이야기는 계속됩니다.

늙은 할머니를 모시고 사는 찔레라는
소녀가 있었습니다. 찔레 소녀는 효심이
깊었습니다. 할머니를 위해 시집도 안
갔습니다.

할머니 앞에 앉은 아이들은 침을 꼴
```

위의 예문처럼 이야기 속에 이야기가 새로이 시작될 때도 새로운 이야기를 부각시키기 위해 앞과 뒤의 줄을 바꿔 줍니다.

일곱째, 동시·동요·시·시조 중에서 연을 구분할 때도 줄을 비웁니다.

〈예문 7〉

〈동시〉

　　　　　　가오리연

　　　　　　　　　김재철

내 손으로 만든
가오리연

내 마음을 싣고
파란 하늘을 훨훨 나는
가오리연

<

나도 같이
손 잡고 날아 봤으면.

위의 동시처럼 한 개의 연이 끝나고 새로운 연이 시작될 경우에는 한 줄을 비워 둡니다. 또한 원고지 맨 마지막에서 한 연이 끝나서 한 줄을 비울 수 없을 경우에는 원고 밑부분에 <를 해두고 다음 장으로 넘어가 새로운 연을 시작합니다.

12. 논설문, 설명문에서

그 글의 내용이 경계를 구분하는 편·장·절·항·목 등으로 이뤄질 경우 그 사실을 표시하기 위하여 위 아래로 한 줄씩 비워 두는 것이 좋습니다.

〈예문 1〉

```
         전봉건에   대한   두   가지  글  (장)


   1.  둥그런   불의   세계   (절)


     1)  피리  (항)


       가.  시의   세계   (소항목)
         문학예술사에서   펴낸   『피리』는
전봉건이  70년대에   쓴   시들을   그리고,
```

장 밑의 절의 '1.'을 첫째 칸에, 항의 '1)'을 둘째 칸에, 소항목의 '가.'를 셋째 칸에 위치시킬 경우, 본문 시작은 다섯째 칸부터 시작합니다.

- 편·장 : 새로운 지면으로 시작하여 위·아래 한 줄씩 비웁니다.
- 절·항 : 위·아래 한 줄씩 비웁니다.
- 소항목·단락표제 : 위만 한 줄씩 비웁니다.

13. 숫자와 알파벳을 쓸 때

첫째, 우선 로마 숫자, 알파벳 대·소문자, 그리고 낱자로 된 아라비아 숫자는 한 칸에 한 자를 씁니다.

〈예문 1〉

S	E	O	U	L					
Ⅰ	Ⅱ	Ⅲ	Ⅳ	Ⅴ	Ⅵ	Ⅶ	Ⅷ	Ⅸ	Ⅹ
1999년		5월		5일					
4	·	19	의	거	와	8	·	15	광복

위의 예문처럼 대문자와 로마 숫자는 한 칸 한 글자의 원칙을 지킵니다. 그러나 두 자 이상의 아라비아 숫자는 한 칸에 두 자씩 씁니다.

둘째, 한 칸에 두 자씩 쓰는 숫자나 알파벳 덩어리 가운데 홀수 개로 이루어진 것은 앞에서부터 두 자씩 끊어 씁니다.

〈예문 2〉

1 3	5	개	의		숫	자				
yo	u		ar	e		qu	it	e		a		st	ra	ng	er

숫자가 세 개일 경우에는 첫 칸에 두 자를 쓰고 나머지 한 자를 뒷칸에 씁니다. 영어 알파벳도 소문자일 경우에는 한 칸에 두 자씩 나눠 씁니다.

셋째, 한 칸에 두 자씩 이어 써야 하는 영어나 숫자는 끊어지는 느낌이 들지 않게 주의해야 합니다.

〈예문 3〉

```
72+684×320=

J. F. Kennedy, T. S. Eliot
```

위의 예문처럼 원고 칸이 있기 때문에 숫자나 영어는 신경써서 쓰지 않으면 전달이 제대로 되기 어렵습니다.

넷째, 분수는 예를 들어 1/2, $\frac{1}{2}$, 두 가지 다 허용됩니다.

사선을 그어 나란히 쓰기도 하지만 원고지에서는 불편하더라도 원래 방식대로 위 아래로 적는 것이 좋습니다.

〈예문 4〉

수	박	의		크	기	와		참	외	의		크	기	는		$\frac{1}{4}$	밖	에
안		되	며	(	중	략	)											

위의 예문처럼 $\frac{1}{4}$로 분수를 나타낼 수 있습니다.

또는,

〈예문 5〉

| 1/4 | 분 | 기 | | 결 | 산 | | 공 | 고 | | | | | | | | | | |

사선을 그어 분수를 나타내기도 합니다.

또는,

〈예문 6〉

최	후	의		수	단	으	로		1	0	0	분	의		1	을		남	기	고

경우에 따라서 숫자와 한글을 이용해 분수를 나타내기도 합니다.

다섯째, 빈 칸에 쓸 수 있는 숫자, 알파벳, 문자, 부호들이 교차되어 만나면 서로 성격이 다르기 때문에 각각 적는 것이 좋습니다.

〈예문 7〉

6	·	10	만	세		6	·	25	사	변
W	·	C								
9	,	10	,	11	을		모	두		곱	하	게		되	면

서로 다른 성격의 숫자, 문자, 부호가 있을 경우에는 차별해서 다른 칸에 각기 적어 두어야 합니다.

5 문장 부호는 어떻게 써야 할까요?

　어린이 여러분은 문장 부호를 쓸 때 많은 부분 틀리기도 하고 어려워하기도 하며 하찮게 여기기도 하죠. 하지만 문장 부호는 글자와도 같은 것입니다.

　문장 부호가 틀렸다면 글자가 틀린 것만큼이나 눈에 거슬리죠.

　문장 부호를 하찮게 생각하는 것은 글자를 그렇게 생각하는 것처럼 위험합니다.

　문장 부호를 바르게 쓰기 위하여 우선 문장 부호의 종류와 그 표기법을 배워 보도록 하겠습니다.

문장의 부호에는 이런 것들이 있습니다.

- 마침표
- 쉼표
- 따옴표
- 묶음표
- 이음표
- 드러냄표
- 안 드러냄표

첫 번째, 마침표에는 온점·물음표·느낌표가 있습니다.

온점

. 라고 표시하며 다음과 같은 경우에 사용합니다.

〈예시 1〉

```
서울은  너무  복잡했다.
명동 한복판은  더  정신이  없었다.
```

서술·명령·청유 등을 나타내는 문장의 끝에 씁니다.

〈예시 2〉

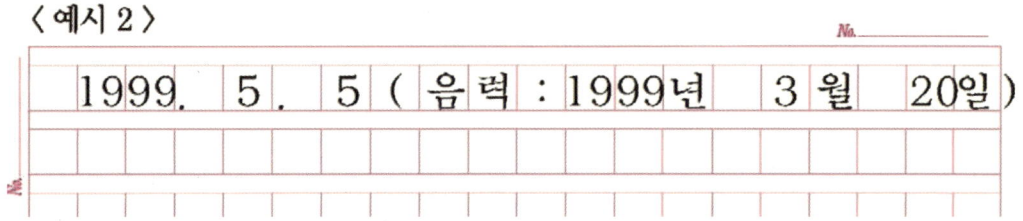

아라비아 숫자만으로 년·월·일을 표시할 때에 씁니다.

〈예시 3〉

| 1. 글짓기의 　기본은 　문장력이다. |
| 1. 문장력을 　키우는 　데 　힘쓰라. |

표시 문자 다음에 씁니다.

〈예시 4〉

| 2. U. S. A. |

생략어를 나타낼 때 씁니다.

〈예시 5〉

| 자 | 나 | 깨 | 나 | | 불 | 조 | 심 | | |
| 꺼 | 진 | | 불 | 도 | | 다 | 시 | | 보 | 자 |

　글의 제목을 쓰거나 표어를 작성할 때는 온점을 찍지 않습니다.

물음표

? 라고 표시하며 의심이나 질문을 할 때 씁니다.

〈예시 1〉

| 네가 | 1학년이니? |
| 벌써 | 그렇게 | 자랐어? |

직접 질문을 던질 때 끝부분에 표시합니다.

〈예시 2〉

| 제가 | 그랬다구요? |
| 제가 | 그럴 | 리가 | 있겠습니까? |

어떤 말에 반대되거나 빗대었을 때 표시합니다.

〈예시 3〉

| 이 | 보 | 다 | | 더 | | 아 | 름 | 다 | 운 | | 강 | 산 | 이 | | 어 | 디 | 에 |
| 있 | 을 | 까 | ? |

가볍게 감탄을 하였을 때 표시합니다.

〈예시 4〉

| 그 | 녀 | 는 | | 자 | 신 | 을 | | 백 | 설 | 공 | 주 | (| ? |) | 라 | 고 |

의심, 빈정거림, 비웃음을 표시할 때, 또는 적당한 말을 찾지 못하였을 때 소괄호를 해 주고 표시합니다.

느낌표

!라고 표시하며 감탄이나 놀람·환호·명령 등을 나타낼 때 씁니다.

〈예시 1〉

```
우와!
이렇게  아름답구나!
```

느낌을 힘있게 나타내야 할 때 감탄의 말이나 문장을 끝에 표시합니다.

〈예시 2〉

```
너는 안 돼!
앞으로  절대  나서지  마라!
```

강하게 명령을 나타낼 때, 또는 강하게 부탁을 해야 될 경우에도 표시합니다.

〈예시 3〉

| 아 | 가 | 야 | ! |
| 예 | , | 어 | 머 | 니 | ! |

감정을 넣어서 누군가를 부를 때에 표시합니다.

〈예시 4〉

| 내 | 가 | | 왜 | | 밉 | 지 | ? | | 너 | 는 | | 더 | | 나 | 빠 | ! |

놀랄 경우나 항의의 뜻을 나타낼 때 표시합니다.

두 번째, 쉼표에는 반점·가운뎃점·쌍점·빗금이 있습니다.

반점

,라고 표시하며 문장 안에서 짧게 쉬어 감을 나타냅니다.

〈예시 1〉

질서 지키기, 인사 잘 하기, 쓰레기 줍기, 그런 것들을 잘 지켜야 한다.

비슷한 경우의 말을 늘어놓을 때 표시합니다.

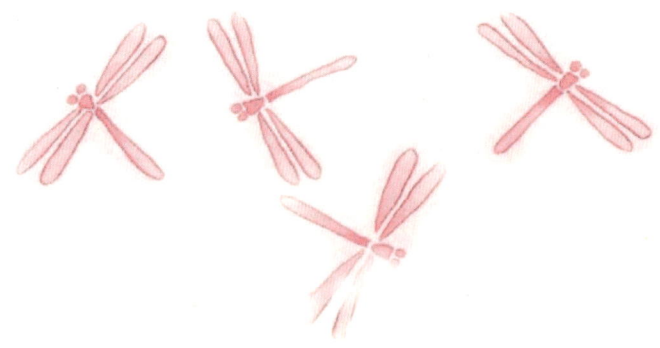

〈예시 2〉

|순|이|와| |영|호|,|철|민|과| |정|희|는| |단|짝|이|었|
|다|.|

서로 짝을 지어서 구분시켜야 할 경우에 표시합니다.

〈예시 3〉

|경|치| |좋|기|로|는|,|강|원|도| |못|지| |않|게| |절|
|경|이|었|습|니|다|.|

바로 뒤따라 오는 말을 꾸미지 않을 때에 표시합니다.

5. 문장 부호는 어떻게 써야 할까요? • 81

〈예시 4〉

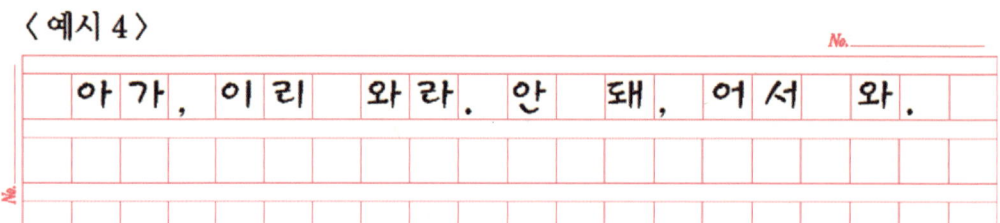

누군가를 부르거나 대답하는 말 뒤에 표시합니다.

〈예시 5〉

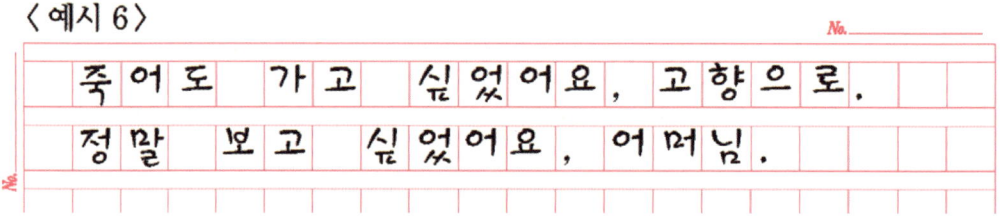

어떤 단어를 제시할 때 표시합니다.

〈예시 6〉

죽어도 가고 싶었어요, 고향으로.
정말 보고 싶었어요, 어머님.

문장의 순서를 바꿀 때에 표시합니다. 이것을 도치법이라고 하죠.

〈예시 7〉

| 흥 | , | 나 | 한 | 테 | | 그 | 럴 | | 수 | | 있 | 을 | 까 | . |

가벼운 감탄이나 생각을 나타낼 때 표시합니다.

〈예시 8〉

| 어 | 쨌 | 든 | , | 그 | | 일 | 은 | | 꼭 | | 해 | | 내 | 야 | | 한 | 다 | . |

다음에 나오는 말을 강조하거나 연결을 나타낼 때 표시합니다.

〈예시 9〉

| 민 | 희 | , | 그 | 녀 | 는 | | 정 | 말 | 이 | 지 | , | 천 | 사 | | 같 | 았 | 다 | . |

어떤 말을 강하게 두 번 강조할 때 표시합니다. 문장 중간에 끼어든 구절 앞과 뒤에 씁니다.

〈예시 10〉

| 작 | 은 | 애 | 는 | | 감 | 기 | 로 | , | 큰 | 애 | 는 | | 배 | 탈 | 로 | | 정 | 말 |
| 힘 | 들 | 어 | 했 | 다 | . |

문맥상 끊어서 읽어야 할 경우에 표시합니다.

〈예시 11〉

| 영 | 구 | 가 | | 좋 | 은 | | 것 | 은 | , | 친 | 절 | 하 | 기 | | 때 | 문 | 이 | 다 | . |

앞의 문장을 강조하기 위하여 표시합니다.

〈예시 12〉

1, 2, 3, 4, 5, 6,
10, 11 살
1, 2 학년
2163,547

숫자를 나타낼 때, 수의 자리점을 표시하면서 사용합니다.

가운뎃점

·라고 표시하며 나열된 여러 단위가 대등하거나 밀접한 관계일 때에 나타냅니다.

〈예시 1〉

| 과일로는 사과·배·포도가 있었고, 야채로는 상추·치커리·청경채 등이 있었다. |

쉼표로 열거된 어구가 다시 여러 단위로 나뉠 때 씁니다.

〈예시 2〉

| 6·25사변 |
| 8·15광복 |

두 숫자로 된 말에 씁니다.

〈예시 3〉

　　생활문·동시·동화·독후감을　많이　써
본　아이들은　상상력이　풍부합니다.
　　1학년·2학년·3학년까지는　어린아이
라고　해도　될　것입니다.

같은 종류나 계열의 단어를 쓸 때 사이사이에 씁니다.

쌍점

: 라고 표시하며 다음과 같은 경우에 이용합니다.

〈예시 1〉

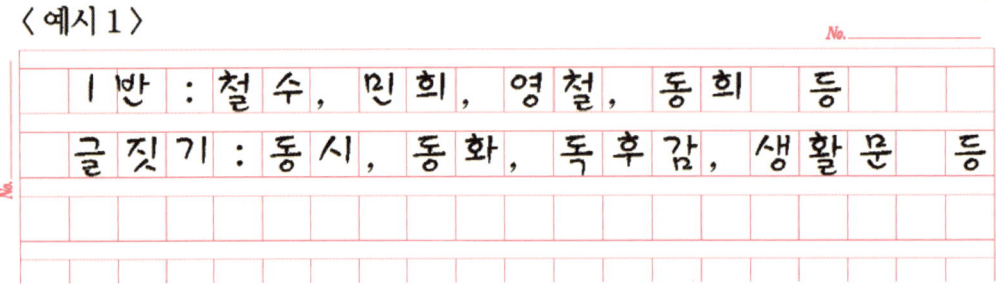

포함되는 여러 종류를 한 데 늘어놓을 때 씁니다.

〈예시 2〉

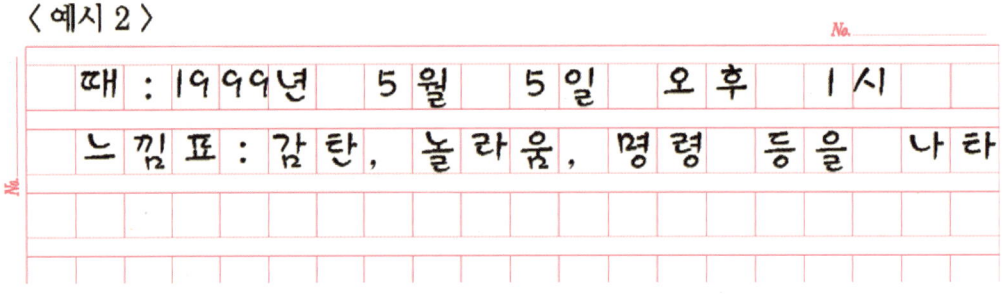

뒤에 간단한 설명이 덧붙여질 때 씁니다.

〈예시 3〉

오세훈　선생님 : 줄넘기, 달리기

　누구를 지명하고, 그 사람의 역할이나 업적을 나타낼 때 씁니다.

〈예시 4〉

오전　10 : 30(9 : 20부터)

　시간과 분을 구별시켜야 할 때 씁니다.

빗금

/ 라고 표시하며 예시처럼 이용합니다.

〈예시1〉

지은이 이종현/펴낸이 강금희

대립하거나 대등한 것을 함께 보여야 하는 낱말과 구, 절 사이에 씁니다.

〈예시2〉

3/4개를 더한다면

분수를 나타낼 때 씁니다.

세 번째, 따옴표에는 큰 따옴표와 작은 따옴표가 있습니다.

큰 따옴표

" " 라고 표현하며 대화나 문구에 사용합니다.

〈예시 1〉

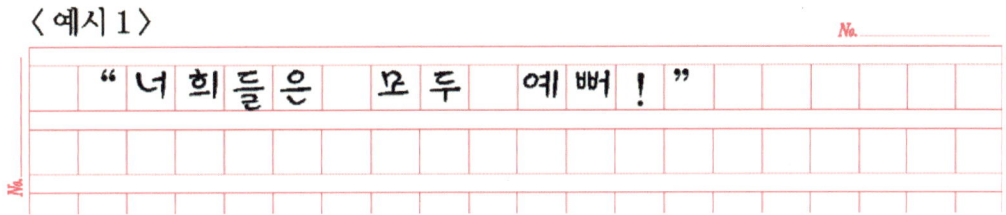

글을 쓰면서 대화한 대목을 나타낼 때 씁니다.

〈예시 2〉

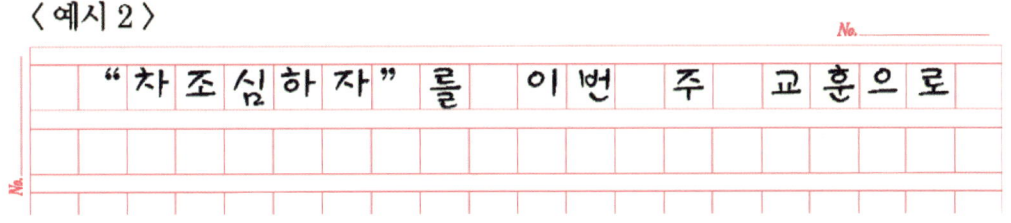

어떤 말을 인용해야 될 경우에 씁니다.

작은 따옴표

`' '`라고 표시하며 생각이나 인용을 표현할 때 사용합니다.

〈예시 1〉

```
'우리는 한 형제'라고 씌어진 깃발이
었습니다.
　"우리는 이길 것입니다. '백짓장도
맞들면 낫다'고 했습니다."
```

다른 데에서 인용해 온 글에 또 다른 말이 들어 있을 때 씁니다.

〈예시 2〉

```
'내가 왜 이럴까?'
'어머니, 건강하세요?'
```

혼자서 마음속으로 무슨 말을 중얼거릴 때 씁니다.

네 번째, 묶음표에는 소괄호·중괄호·대괄호가 있습니다.

소괄호

( ) 라고 표시하며 다음과 같은 경우에 사용합니다.

〈예시 1〉

| 가 | 로 | 쓰 | 기 | 에 | 는 | | 반 | 점 | (| , |) | 을 | | 씁 | 니 | 다 | . |

어떤 것을 설명해 줘야 할 때 씁니다.

〈예시 2〉

| (| 가 |) | 학 | 교 |
| 나 |) | 학 | 원 |

어떤 기호 또는 기호적인 구실을 해야 하는 경우에 씁니다.

〈예시 3〉

| 우리 | 어린이들에게 | 가장 | 필요한 | 것은 |
| (|) | 입니다. |

빈자리를 내놓았을 때 씁니다.

중괄호

{ } 라고 표현하며 여러 가지 단어를 묶어 쓸 때 사용합니다.

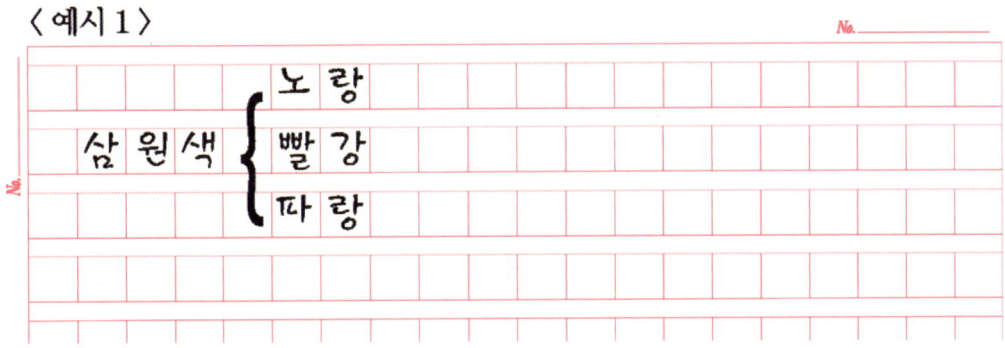

〈예시 1〉

여러 가지의 단위를 동등하게 묶을 때 씁니다.

대괄호

[ ]라고 표현하며 발음기호나 뜻풀이 등에서 많이 사용합니다.

〈예시 1〉

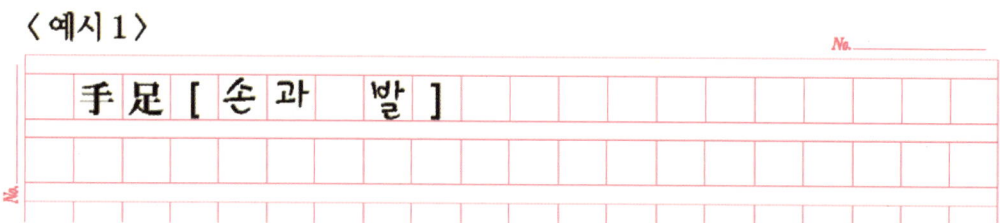

대괄호 안의 말이 밖의 말과 음이 다를 때 씁니다.

〈예시 2〉

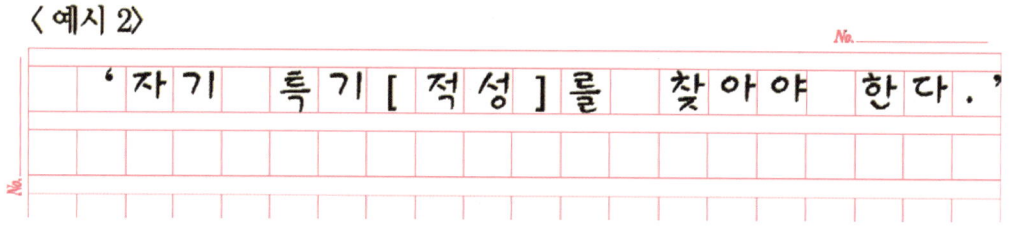

묶음표 안에 또 다른 묶음표가 있을 때 씁니다.

다섯 번째, 이음표가 있습니다. 이음표에는 줄표·붙임표·물결표가 있습니다.

줄표

─라고 표시하며 이미 말한 내용을 달리 표현해야 하거나 보충이 필요할 때 쓰입니다.

〈예시1〉

우리	학교	─	대나무와	소나무가	교목
입니다	─	는	대나무처럼	곧고,	소나무처
럼	푸르고.				

문장 앞의 문장을 다시 강조해 줘야 할 때 끼어들기로 씁니다.

〈예시 2〉

| 어제 | 낮에 | — | 아니지, | 오늘 | 아침에 | 말 |
| 을 | 했다. | | | | | |

앞에 사용한 말을 고치거나 정정해야 될 경우에 씁니다.

붙임표

─라고 표현하며 단어나 문구에 대한 보충 설명을 하고 싶을 때 이용합니다.

〈예시 1〉

```
군 ― 경  합 동  수 사 대
브 이 ― 아 이 ― 띠 ( V I P )
```

합성어를 나타낼 때 또는 이음표와 같은 기능으로 사용할 때 씁니다. 이것은 사전 등에서 많이 쓰입니다.

〈예시 2〉

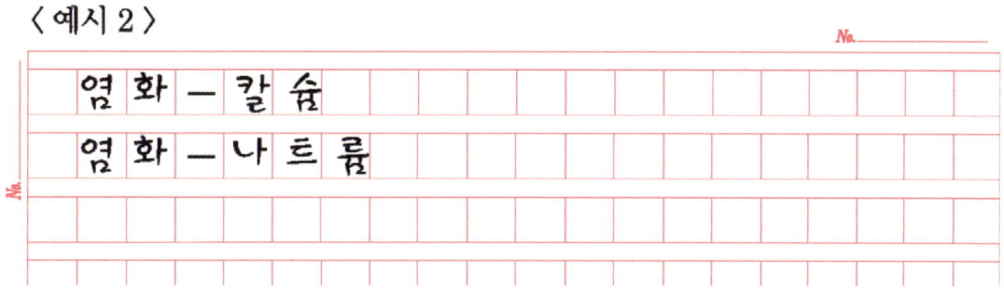

```
염 화 ― 칼 슘
염 화 ― 나 트 륨
```

고유어 또는 외래어가 결합되는 경우에 씁니다.

물결표

☐~라고 표시하며 기간이나 시간의 간격을 표현할 때 이용합니다.

〈예시 1〉

9월	5일	~10월	10일									
10시	10분	~11시	50분									

'내지' 라는 뜻에 쓰입니다.

여섯 번째, 드러냄표가 있습니다.

드러냄표는 ˚나 ˙라고 표시할 수 있습니다. 가로 쓰기에서는 글자 위에, 세로 쓰기에는 글자 오른쪽에 찍어 주어 문장 내용 중에서 주의해야 할 곳이나 중요한 부분을 특별히 강조할 때 씁니다.

〈예시1〉

| 세 | 종 | 대 | 왕 | 은 | | 훈 | 민 | 정 | 음 | 을 | | | | |

중요한 부분의 글자 위에 찍어 줍니다.

일곱 번째, 안 드러냄표가 있습니다.

안 드러냄표는 이름에서도 알 수 있듯 문장에서 감추어야 할 부분이나 빼야 할 부분에 표시해 줍니다. 안 드러냄표에는 숨김표와 빠짐표, 그리고 줄임표가 있습니다. 숨김표와 빠짐표에서는 숨기거나 빠뜨리고 싶은 글자 수만큼 칸을 만들어 주면 됩니다.

숨김표

×× , ○○ 등으로 표시하며 알면서도 일부러 숨기려 할 때 사용됩니다.

〈예시1〉

"×××야!"
그녀는 악을 쓰며 달려들었습니다.

알면서 고의로 드러내지 않을 경우에 쓰입니다. 비속어, 금기어에 많이 쓰입니다.

〈예시2〉

○○○은 고의로 사건을 저질렀습니다.

비밀을 유지할 경우 쓰입니다.

빠짐표

☐☐로 표시해 주며 글자의 자리를 비워 둔 채로 놔둘 경우 사용됩니다.

〈예시 1〉

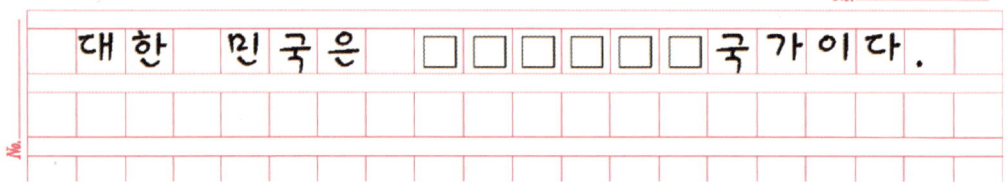

들어가야 할 글자를 고의로 빼놓을 때 쓰입니다.

줄임표

……로 표시하며 할 말을 줄이거나 말이 없음을 나타낼 때 쓰입니다.

〈예시 1〉

"그런다고 되겠느냐."
"……."

할 말이 없을 때 쓰입니다.

〈예시 2〉

"저는 서울이 싫어서……" 하면서 그는 말을 더듬었다.

할 말을 줄였을 때 쓰입니다.

문장 부호의 종류와 그 표기법을 익혔다면 이제 문장 부호의 바른 사용을 위한 여러 방법과 요령을 제시하겠습니다. 어린이 여러분에게 많은 도움이 될 것입니다.

첫번째, 문장 부호는 무엇보다 정성을 들여 정확하게 표시해야 합니다.

〈예시 1〉

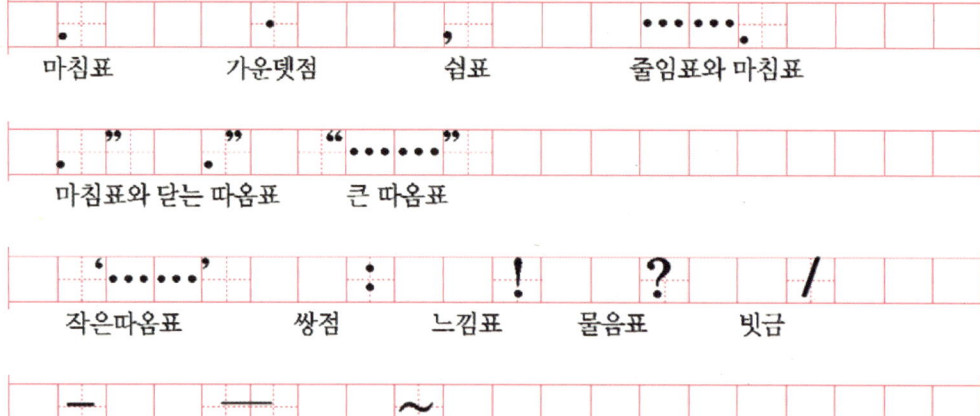

두 번째, 한 칸에 한 부호씩을 써야 함이 원칙이지만 예외도 있습니다.

1) 보통은 문장 하나를 글씨 한 개로 생각하면 됩니다. 다시 말해 원고지 한 칸에 부호 하나씩 표시하는 것이 원칙이죠.

〈예시 1〉

| 철호는 | | '아버지' | 라는 | 말을 | 하고서 |
| 입을 | 다문 | 것이다. | | | |

〈예시 2〉

"네가 정말 이렇게 했니? 응?"

〈예시 3〉

맙소사, 그런 일이 있었다니!

〈예시 4〉

하면서, '출(出)'이라고 써 보였다.

〈예시 5〉

진·선·미를 고루 갖춘 사람이었다.

2) 하지만 때에 따라 두 자 또는 그 이상의 간격을 차지하는 문장 부호도 사용할 수 있습니다. 그럴 때는 그 간격대로 칸수를 차지하면 됩니다.

〈예시 1〉

어	머	니	는		나	의		영	원	한		친	구		―		부	모	와
자	식		간	의		관	계	만	이		아	닌		―		였	다	.	

〈예시 2〉

| " | 네 | 가 | | 나 | 한 | 테 | … | … | . | " |

〈예시 3〉

```
그  모든  것들이  늘  내  곁에  있었다.
아버지, 어머니, 형제와  친구들……, 그들
이  없었다면  오늘의  나는  없었다.
```

〈예시 4〉

```
    방  안에는  깊은  침묵이  흐르고, 철호
가  먼저  입을  열었다.
    "누가  말  좀  해라."
    "………."
    "…………."
    깊은  침묵을  깨는  것은  새  소리밖에
없었다.
```

말없음표를 사용할 경우에는 말 줄임표를 두번 넣어 줍니다.

3) 한 칸에 두 개의 문자 부호를 쓸 때도 있습니다. 바로 대화가 끝났음을 나타내는 마침표와 따옴표는 한 칸에 동시에 쓰기도 합니다.

〈예시 1〉

"맨드라미가 피었네―."

〈예시 2〉

"……우리의 소원은 통일 꿈에도 소원은……."

세 번째, 문장 부호가 잇달아 나오거나, 문장 부호 뒤에 숫자나 알파벳 등이 이어서 나올 때는 각각 다른 칸에 씁니다.

〈예시 1〉

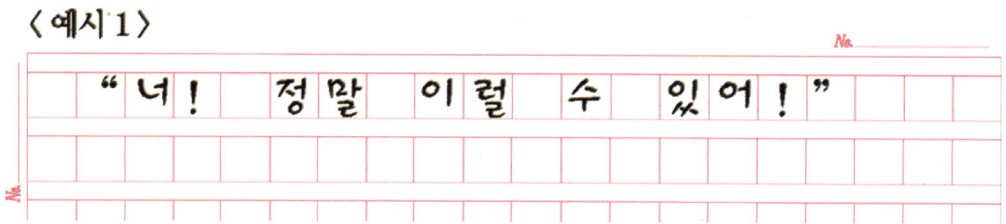

〈예시 2〉

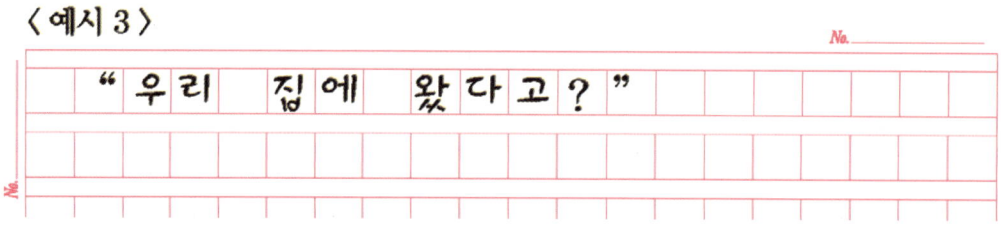

〈예시 3〉

"우리 집에 왔다고?"

〈예시 4〉

"……우리의 소원은 통일 꿈에도 소원은…….″

〈예시 5〉

6·10만세사건

네 번째, 편·장·절·항·목을 표시하는 데 사용되는 괄호나 그 밖의 부호는 숫자와 함께 고유 표시로 여겨 한 칸에 씁니다.

〈예시 1〉

| (가) | 문장을 | 쓰는 | 데 | 주의할 | 점 |

〈예시 2〉

| (가), | 1), | ①, | ① |

다섯 번째, 줄 끝에서의 부호 처리는 어렵고 복잡합니다. 하지만 그냥 넘어갈 수 없는 부분이기도 합니다. 한 번 알아 두면 두고두고 유용하게 사용될 거예요.

1) 우선 글자가 오른쪽 큰 칸에서 끝이 났을 경우에는 문장 부호를 찍을 칸이 없습니다. 그럴 경우에는 마지막 글자 바로 밑에 넣거나 오른쪽 여백을 이용합니다. 절대 새로운 줄에 문장 부호를 넣어서는 안 됩니다. 예문을 보고 확인해 보세요.

〈예시 1〉

| 우 | 리 | 들 | 은 | | 매 | 일 | , | 하 | 루 | 도 | | 빠 | 짐 | 없 | 이 | | 논 | 다 | . |

〈예시 2〉

　　경우에 따라서는 집에 모여서 놀거나,
공원에 나가 놀기도 한다.

〈예시 3〉

　　"그러면 그렇지. 내 그럴 줄 알았어."
철규는 웃으며 말했다.

〈예시 4〉

　　"그렇게 하지요. 그런데 우리들은……."
그는 어깨를 움찔해 보이며 웃었다.

〈예시 5〉

그 많은 이야기 중에서도 하필 그런……
거기까지 생각하다 말고 그는 일어나서,

〈예시 6〉

어디를 가든지 생각나는 것은 친구의
얼굴이었다. 헌데 그도 날 보고 싶을까?
간혹 궁금하였다.

〈예시 7〉

"나한테 정말 그럴 수 있는 거야?"

〈예시 8〉

"절대 못해. 죽어도 떠날 수가 없어!"

〈예시 9〉

우리가 제아무리 잘났다고 해 보았자 ―
길거리 잡풀보다 나을 게 무어냐!

〈예시 10〉

"우리 가족들(사촌과 육촌까지 포함)
의 안녕이 늘 염려스러웠다.

2) 덩어리 숫자나 영어 단어도 중간에서 잘라 줄을 바꿔서는 안 됩니다.

〈예시 1〉

| 그렇게 | 하나씩 | 챙기다 | 보니 | 나중에 | 250 |
| 개가 | 훨씬 | 넘었다. | | | |

3) 칸 밖에다 적어야 할 숫자나 영어 단어가 길 때에는 다음 줄에 이어서 쓰는 수도 있습니다.

〈예시 1〉

| 얼룩얼룩한 | 목장의 | 프라이드 | 피퍼 (Pr |
| ied Piper) | 가 | 한 | 일이 | 뭐냐고 | 물었다. |

4) 따옴표나 물음표와 같이 두 부호가 마주 한 짝을 이루는 것들은 줄 끝에서 시작되는 것을 피하여 끝 칸을 비워 두고서 다음 첫 칸부터 문장 부호를 열어 둡니다.

〈예시 1〉

우	리	들	이		물	어	보	면		그	의		대	답	은		늘	
"	어	제		말	했	잖	아	.	"		하	는		식	이	었	다	.	하	긴,

〈예시 2〉

그	는		일	어	나	서	,			"	힘	을		합	치	세	요	!	"	라
고		하	였	다	.														

6 글 다듬기는 어떻게 할까요?

처음부터 글을 잘 쓸 수는 없습니다. 다시 읽게 되면 고쳐야 할 부분이 눈에 뜨입니다.

그럴 때 원고 고치는 부호를 사용해서 바르게 고쳐야 다시 쓰거나 다른 사람이 읽을 때 정확한 이해를 할 수 있습니다.

원고 고치는 부호에는 다음과 같은 것들이 있습니다.

🐟 끼움표

🐟 붙임표

- 띄움표
- 줄바꿈표
- 순서바꿈표
- 앞으로 밀어냄표
- 뒤로 당겨들임표
- 글자 바꿈표
- 말 빼냄표

부호이기 때문에 이름보다 중요한 것은 그 사용 용도와 모양입니다.

끼움표(∨)

빠진 말을 넣을 때 사용합니다.

〈예시 1〉

|우|리| |집|에|는| |화|초|가| |아|주| |많|습|니|다|.|
|그| |중|에|서| |장|와| |목|련|은| |여|왕| |같|은| |자|
|태|를| |자|랑|하|지|요|.| | | | | | | | | | |

빠진 글자를 글자와 글자 사이에 ∨를 해 주고 써넣습니다.

붙임표(⌒)

잘못 띄운 것을 붙일 때 씁니다.

〈예시 1〉

| 복 | 실 | 이 | | 집 | 은 | | 화 | 단 | | 앞 | 에 | | 있 | 습 | 니 | 다 | . |
| 화 | 단 | | 앞 | 에 | 는 | | 늘 | 아 | 이 | 들 | 이 | | 모 | 여 | | 있 | 지 | 요 |

띄어쓰기가 틀렸을 때 ⌒로 연결시켜 줍니다.

띄움표(∨)

낱말 사이를 띄울 때 씁니다.

〈예시 1〉

| 대 | 한 | | 민 | 국 | | 국 | 민 | 이 | 라 | 는 | 것 | 이 | | 너 | 무 | 도 | | 자 |
| 랑 | 스 | 럽 | 습 | 니 | 다 | . | | 항 | 상 | | 위 | 대 | 한 | 국 | 민 | 이 | 라 | 는 |

글자를 띄어 쓸 때 낱말 사이에 ∨를 넣어 둡니다.

줄바꿈표(⌐)

줄이 바뀜을 표시할 때 사용합니다.

〈예시 1〉

"우리하고 놀자!"⌐철수가 말했어요.

줄을 바꿔야 하는데 이어 썼을 때 ⌐를 써서 줄을 바꿨음을 표시합니다.

순서바꿈표(∽)

글의 순서를 바꿀 때 씁니다.

〈예시 1〉

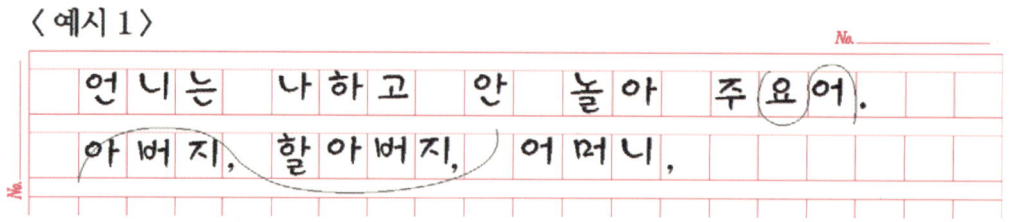

글자, 단어의 앞 뒤 순서를 바꿀 때 씁니다.

앞으로 밀어냄표(⏌)

글자를 앞으로 내밀 때 사용합니다.

〈예시 1〉

| ⏌어머니와 | 손을 | 잡고 | 공원에 | 갔습니 |
| 다. | | | | |

원고 칸이 까닭없이 비었을 때 ⏌로 앞으로 당겨 줍니다.

뒤로 당겨들임표(⌐)

글자를 뒤로 당겨들일 때 씁니다.

〈예시 1〉

| ⌐동생을 | 때렸다고 | 혼이 | 났습니다. | 정말 |
| 화가 | 났습니다. | | | |

칸을 비어두어야 할 때 ⌐로 칸을 뒤로 밀어 줍니다.

6. 글 다듬기는 어떻게 할까요? · 125

글자바꿈표(ͣ)

틀린 글자를 바르게 고칠 때 사용합니다.

<예시1>

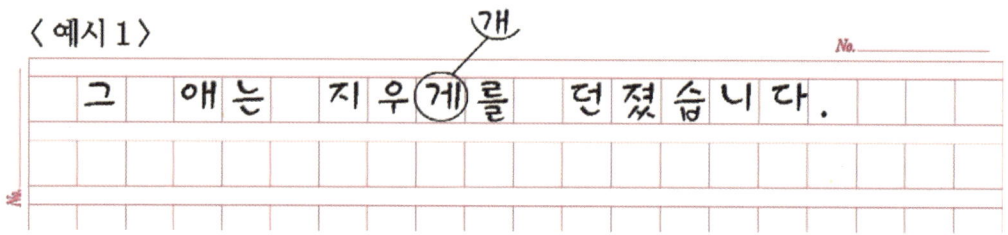

글자를 틀리게 썼을 때 사용합니다.

말 빼냄표(ͣ)

필요 없는 것을 빼낼 때 사용합니다.

<예시1>

싱 거 거 운   말 을   하 다 가   꾸 중 을   들 었 다.

필요 없는 글자를 없앨 때 씁니다.

어린이 에세이 — ⑬
원고지 사용법

초판 1쇄 인쇄 : 2018년 6월 27일 인쇄
초판 1쇄 발행 : 2018년 7월 7일 발행

저　자 : 어린이 에세이 교실
펴낸곳 : 자유토론
주소 : 서울시 송파구 문정로 13길 15-16 2층
전화 : 02) 333-9535 / 팩스 : 02) 6280-9535
E-MAIL : fibook@naver.com
제작 : (주)북솔루션

ISBN　978 - 89 - 93622 - 57 - 7 73810

* 잘못된 책은 구입하신 서점에서 교환해 드립니다.
* 저자와의 협의에 의해 인지는 생략합니다.